# TRAVEL
# PLANNER

# This Belongs To:

_____

# Mobile #:

_____

# DEDICATION

This Travel Planner Log is dedicated to all the travelers out there who want to track their travel plans and document their findings in the process.

You are my inspiration for producing books and I'm honored to be a part of keeping all of your Travel notes, and records organized.

This journal notebook will help you record your details about tracking your travels.

Thoughtfully put together with these sections to record: Destination, Summary, Packing List, Itinerary, Transportation, Activities, Food To Try, Souvenirs To Buy & much more!

# HOW TO USE THIS BOOK

The purpose of this book is to keep all of your Travel notes all in one place. It will help keep you organized.

This Travel Planner will allow you to accurately document every detail about all of your Vacation. It's a great way to chart your course through a memorable vacation.

Here are examples of the prompts for you to fill in and write about your experience in this book:

1. Travel Destination - Location Information.
2. Vacation Summary - Date, Country, City, Climate, Passport/ Visa & Notes.
3. Things To Pack - Make your own Packing List with check boxes.
4. Itinerary - Date, Place, Hotel.
5. Transportation Details - Departure Date & Time, Return Date & Time, Estimate Expense, Mode of Transportation, Actual Expense & Comments.
6. Places To See & Activities - Make your own lists of Places To See & Activities with check boxes (Bucket List)
7. Foods To Try - Make your own list of foods you would like to try.
8. Souvenirs To Buy - Make your own list of souvenir ideas you need to buy.
9. Highlights & Unforgettable Memories - Blank lined so you can write the highlights & memories of your trip.
10. Pages To Attach Photos, Tickets, Receipts, Draw Sketches & Other Memorabilia - A place to glue, tape or staple your memorabilia that you want to keep.

# Travel Destination:

_____

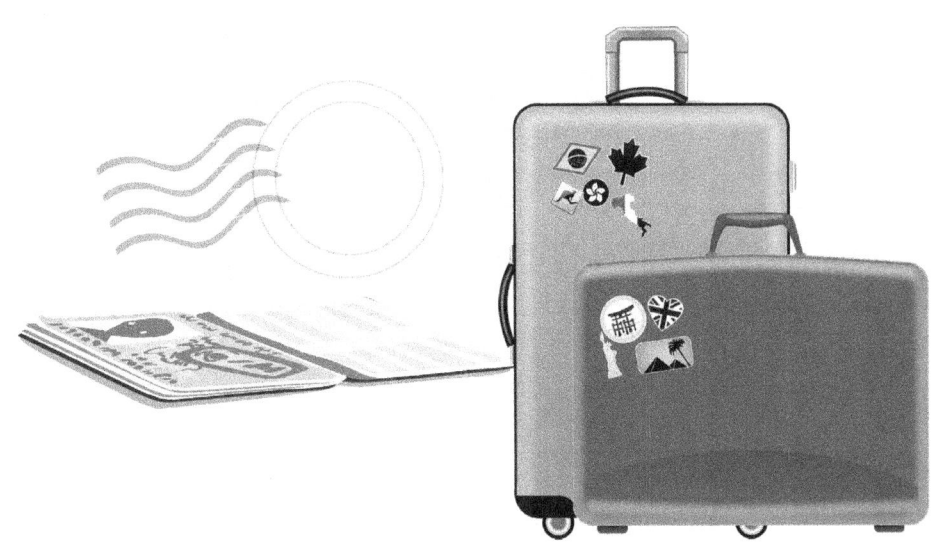

# Vacation Summary

| Date | Country | City | Climate | Passport/Visa |
|------|---------|------|---------|---------------|
|      |         |      |         |               |
|      |         |      |         |               |
|      |         |      |         |               |
|      |         |      |         |               |
|      |         |      |         |               |
|      |         |      |         |               |
|      |         |      |         |               |

## Notes

_____
_____
_____
_____
_____
_____
_____
_____
_____
_____

# Things To Pack

- [ ] _____
- [ ] _____
- [ ] _____
- [ ] _____
- [ ] _____
- [ ] _____
- [ ] _____
- [ ] _____
- [ ] _____
- [ ] _____
- [ ] _____
- [ ] _____
- [ ] _____
- [ ] _____
- [ ] _____
- [ ] _____
- [ ] _____

#  Travel Itinerary

**Travel Destinations:**

| Date | Place | Hotel |
|------|-------|-------|
|      |       |       |
|      |       |       |
|      |       |       |
|      |       |       |
|      |       |       |

| Departure Date | Return Date | Estimate Expense |
| --- | --- | --- |
|  |  |  |

| Transportation | Expense | Comments |
| --- | --- | --- |
|  |  |  |
|  |  |  |
|  |  |  |
|  |  |  |
|  |  |  |

## Places To See & Activities:

- ❏ _____
- ❏ _____
- ❏ _____
- ❏ _____
- ❏ _____
- ❏ _____
- ❏ _____
- ❏ _____
- ❏ _____
- ❏ _____
- ❏ _____
- ❏ _____
- ❏ _____
- ❏ _____
- ❏ _____
- ❏ _____
- ❏ _____

# MUST TRY Foods!

- ☐ _____
- ☐ _____
- ☐ _____
- ☐ _____
- ☐ _____
- ☐ _____
- ☐ _____
- ☐ _____

## Souvenirs To Buy

- ☐ _____
- ☐ _____
- ☐ _____
- ☐ _____
- ☐ _____
- ☐ _____
- ☐ _____

# Highlights and Unforgettable Memories from the Trip

# Highlights and Unforgettable Memories from the Trip

Attach Photos / Tickets / Receipts / Souvenirs / Sketches / Other Trip Memorabilias From the Trip

Attach Photos / Tickets / Receipts / Souvenirs / Sketches / Other Trip Memorabilias From the Trip

Attach Photos / Tickets / Receipts / Souvenirs / Sketches / Other Trip Memorabilias From the Trip

Attach Photos / Tickets / Receipts / Souvenirs / Sketches / Other Trip Memorabilias From the Trip

# Travel Destination:

_____

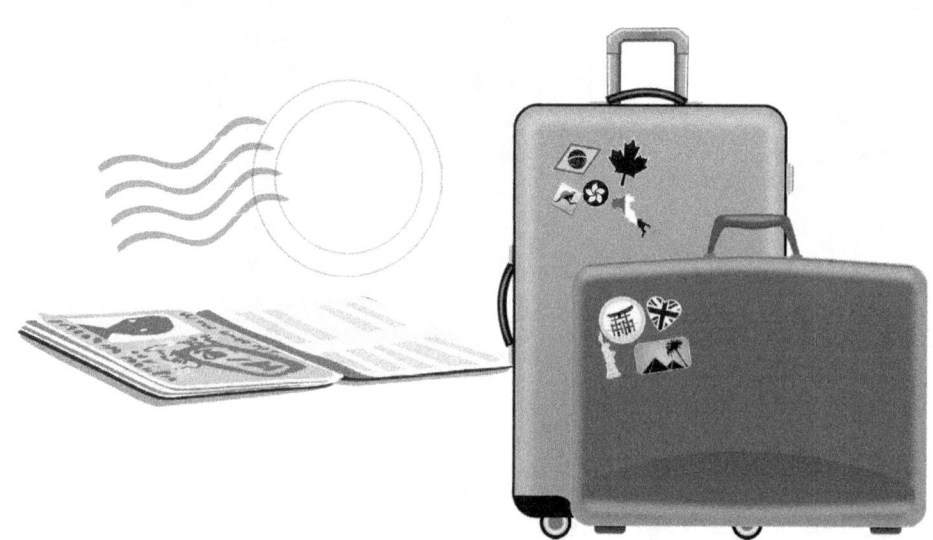

# Vacation Summary

| Date | Country | City | Climate | Passport/Visa |
|------|---------|------|---------|---------------|
|      |         |      |         |               |
|      |         |      |         |               |
|      |         |      |         |               |
|      |         |      |         |               |
|      |         |      |         |               |
|      |         |      |         |               |
|      |         |      |         |               |

## Notes

_____
_____
_____
_____
_____
_____
_____
_____

# Things To Pack

- [ ] _____
- [ ] _____
- [ ] _____
- [ ] _____
- [ ] _____
- [ ] _____
- [ ] _____
- [ ] _____
- [ ] _____
- [ ] _____
- [ ] _____
- [ ] _____
- [ ] _____
- [ ] _____
- [ ] _____
- [ ] _____
- [ ] _____

#  Travel Itinerary

**Travel Destinations:**

| Date | Place | Hotel |
|------|-------|-------|
|      |       |       |
|      |       |       |
|      |       |       |
|      |       |       |
|      |       |       |

| Departure Date | Return Date | Estimate Expense |
| --- | --- | --- |
| | | |

| Transportation | Expense | Comments |
| --- | --- | --- |
| | | |
| | | |
| | | |
| | | |
| | | |

# Places To See & Activities:

- [ ] _____
- [ ] _____
- [ ] _____
- [ ] _____
- [ ] _____
- [ ] _____
- [ ] _____
- [ ] _____
- [ ] _____
- [ ] _____
- [ ] _____
- [ ] _____
- [ ] _____
- [ ] _____
- [ ] _____
- [ ] _____
- [ ] _____

# MUST TRY Foods!

- [ ] _____
- [ ] _____
- [ ] _____
- [ ] _____
- [ ] _____
- [ ] _____
- [ ] _____
- [ ] _____

## Souvenirs To Buy

- [ ] _____
- [ ] _____
- [ ] _____
- [ ] _____
- [ ] _____
- [ ] _____
- [ ] _____

# Highlights and Unforgettable Memories from the Trip

# Highlights and Unforgettable Memories from the Trip

Attach Photos / Tickets / Receipts / Souvenirs / Sketches /
Other Trip Memorabilias From the Trip

Attach Photos / Tickets / Receipts / Souvenirs / Sketches / Other Trip Memorabilias From the Trip

Attach Photos / Tickets / Receipts / Souvenirs / Sketches /
Other Trip Memorabilias From the Trip

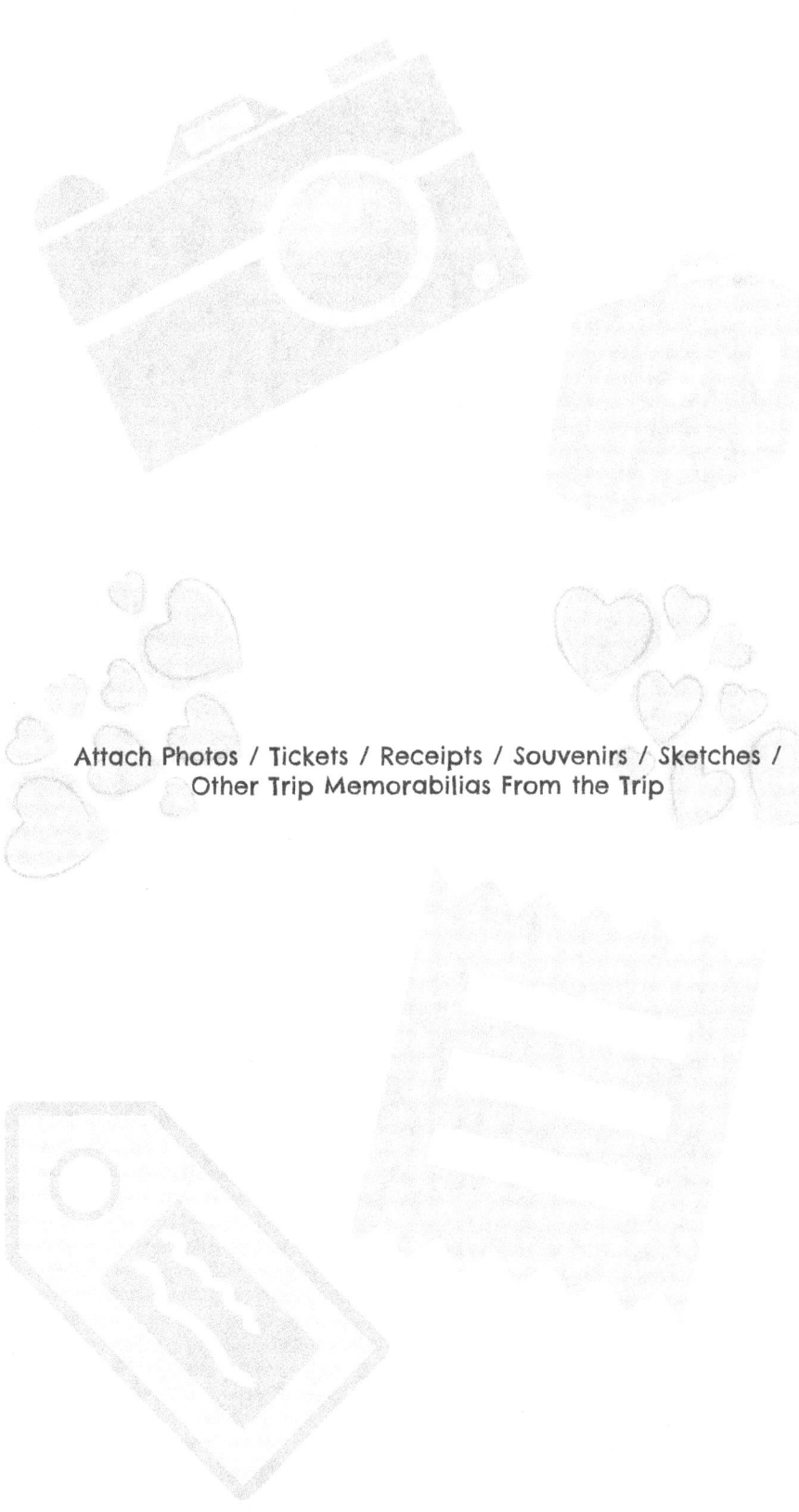

Attach Photos / Tickets / Receipts / Souvenirs / Sketches / Other Trip Memorabilias From the Trip

# Travel Destination:

_____

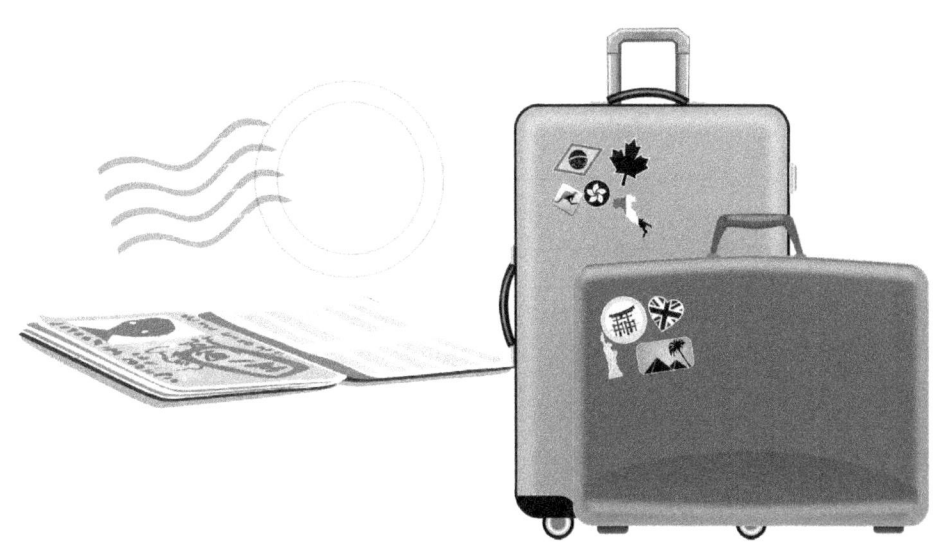

# Vacation Summary

| Date | Country | City | Climate | Passport/Visa |
|------|---------|------|---------|---------------|
|      |         |      |         |               |
|      |         |      |         |               |
|      |         |      |         |               |
|      |         |      |         |               |
|      |         |      |         |               |
|      |         |      |         |               |
|      |         |      |         |               |

## Notes

_____
_____
_____
_____
_____
_____
_____
_____
_____

# Things To Pack

- [ ]
- [ ]
- [ ]
- [ ]
- [ ]
- [ ]
- [ ]
- [ ]
- [ ]
- [ ]
- [ ]
- [ ]
- [ ]
- [ ]
- [ ]
- [ ]
- [ ]
- [ ]

#  Travel Itinerary

**Travel Destinations:**

| Date | Place | Hotel |
|------|-------|-------|
|      |       |       |
|      |       |       |
|      |       |       |
|      |       |       |
|      |       |       |

| Departure Date | Return Date | Estimate Expense |
| --- | --- | --- |
|  |  |  |

| Transportation | Expense | Comments |
| --- | --- | --- |
|  |  |  |
|  |  |  |
|  |  |  |
|  |  |  |
|  |  |  |

# Places To See & Activities:

- ☐ _____
- ☐ _____
- ☐ _____
- ☐ _____
- ☐ _____
- ☐ _____
- ☐ _____
- ☐ _____
- ☐ _____
- ☐ _____
- ☐ _____
- ☐ _____
- ☐ _____
- ☐ _____
- ☐ _____
- ☐ _____
- ☐ _____

# MUST TRY Foods!

- [ ] _____
- [ ] _____
- [ ] _____
- [ ] _____
- [ ] _____
- [ ] _____
- [ ] _____
- [ ] _____

## Souvenirs To Buy

- [ ] _____
- [ ] _____
- [ ] _____
- [ ] _____
- [ ] _____
- [ ] _____
- [ ] _____

# Highlights and Unforgettable Memories from the Trip

# Highlights and Unforgettable Memories from the Trip

Attach Photos / Tickets / Receipts / Souvenirs / Sketches / Other Trip Memorabilias From the Trip

Attach Photos / Tickets / Receipts / Souvenirs / Sketches / Other Trip Memorabilias From the Trip

Attach Photos / Tickets / Receipts / Souvenirs / Sketches / Other Trip Memorabilias From the Trip

Attach Photos / Tickets / Receipts / Souvenirs / Sketches / Other Trip Memorabilias From the Trip

# Travel Destination:

_____

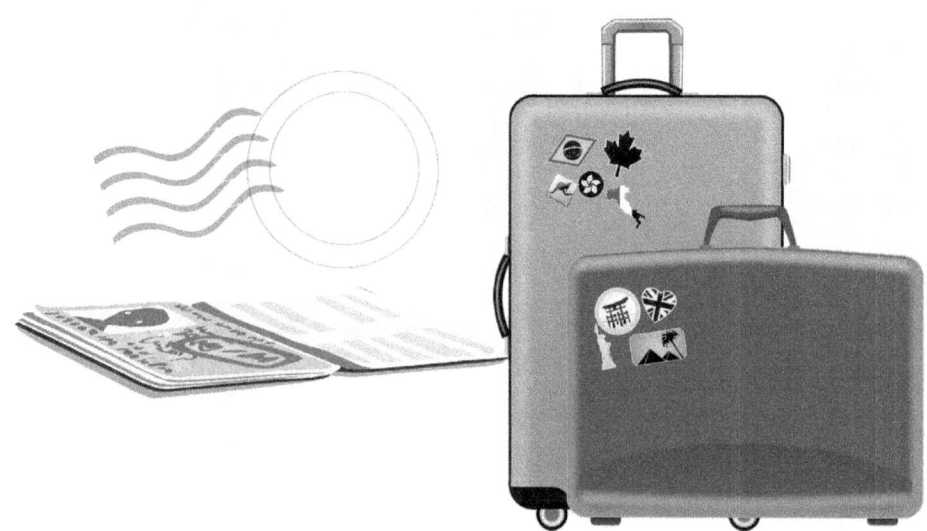

# Vacation Summary

| Date | Country | City | Climate | Passport/Visa |
|------|---------|------|---------|---------------|
|      |         |      |         |               |
|      |         |      |         |               |
|      |         |      |         |               |
|      |         |      |         |               |
|      |         |      |         |               |
|      |         |      |         |               |
|      |         |      |         |               |

## Notes

_____

_____

_____

_____

_____

_____

_____

_____

_____

# Things To Pack

- [ ] _____
- [ ] _____
- [ ] _____
- [ ] _____
- [ ] _____
- [ ] _____
- [ ] _____
- [ ] _____
- [ ] _____
- [ ] _____
- [ ] _____
- [ ] _____
- [ ] _____
- [ ] _____
- [ ] _____
- [ ] _____
- [ ] _____

 # Travel Itinerary

**Travel Destinations:**

| Date | Place | Hotel |
|------|-------|-------|
|      |       |       |
|      |       |       |
|      |       |       |
|      |       |       |
|      |       |       |

| Departure Date | Return Date | Estimate Expense |
|---|---|---|
|  |  |  |

| Transportation | Expense | Comments |
|---|---|---|
|  |  |  |
|  |  |  |
|  |  |  |
|  |  |  |

# Places To See & Activities:

- [ ] _____
- [ ] _____
- [ ] _____
- [ ] _____
- [ ] _____
- [ ] _____
- [ ] _____
- [ ] _____
- [ ] _____
- [ ] _____
- [ ] _____
- [ ] _____
- [ ] _____
- [ ] _____
- [ ] _____
- [ ] _____
- [ ] _____

# MUST TRY Foods!

- [ ] _____
- [ ] _____
- [ ] _____
- [ ] _____
- [ ] _____
- [ ] _____
- [ ] _____
- [ ] _____

## Souvenirs To Buy

- [ ] _____
- [ ] _____
- [ ] _____
- [ ] _____
- [ ] _____
- [ ] _____
- [ ] _____

# Highlights and Unforgettable Memories from the Trip

# Highlights and Unforgettable Memories from the Trip

Attach Photos / Tickets / Receipts / Souvenirs / Sketches /
Other Trip Memorabilias From the Trip

Attach Photos / Tickets / Receipts / Souvenirs / Sketches / Other Trip Memorabilias From the Trip

Attach Photos / Tickets / Receipts / Souvenirs / Sketches / Other Trip Memorabilias From the Trip

Attach Photos / Tickets / Receipts / Souvenirs / Sketches / Other Trip Memorabilias From the Trip

# Travel Destination:

_____

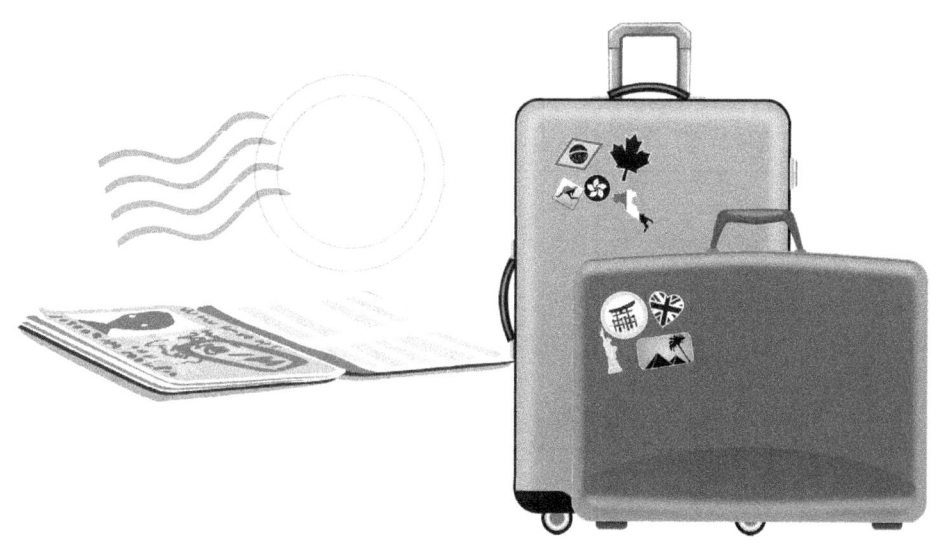

# Vacation Summary

| Date | Country | City | Climate | Passport/Visa |
|------|---------|------|---------|---------------|
|      |         |      |         |               |
|      |         |      |         |               |
|      |         |      |         |               |
|      |         |      |         |               |
|      |         |      |         |               |
|      |         |      |         |               |
|      |         |      |         |               |

## Notes

_____
_____
_____
_____
_____
_____
_____
_____
_____

# Things To Pack

- ❏ _____
- ❏ _____
- ❏ _____
- ❏ _____
- ❏ _____
- ❏ _____
- ❏ _____
- ❏ _____
- ❏ _____
- ❏ _____
- ❏ _____
- ❏ _____
- ❏ _____
- ❏ _____
- ❏ _____
- ❏ _____
- ❏ _____
- ❏ _____

#  Travel Itinerary

**Travel Destinations:**

| Date | Place | Hotel |
|------|-------|-------|
|      |       |       |
|      |       |       |
|      |       |       |
|      |       |       |
|      |       |       |

| Departure Date | Return Date | Estimate Expense |
|---|---|---|
|  |  |  |

| Transportation | Expense | Comments |
|---|---|---|
|  |  |  |
|  |  |  |
|  |  |  |
|  |  |  |
|  |  |  |

## Places To See & Activities:

- [ ]
- [ ]
- [ ]
- [ ]
- [ ]
- [ ]
- [ ]
- [ ]
- [ ]
- [ ]
- [ ]
- [ ]
- [ ]
- [ ]
- [ ]
- [ ]
- [ ]

# MUST TRY Foods!

- ☐ _____
- ☐ _____
- ☐ _____
- ☐ _____
- ☐ _____
- ☐ _____
- ☐ _____
- ☐ _____

## Souvenirs To Buy

- ☐ _____
- ☐ _____
- ☐ _____
- ☐ _____
- ☐ _____
- ☐ _____
- ☐ _____

# Highlights and Unforgettable Memories from the Trip

# Highlights and Unforgettable Memories from the Trip

Attach Photos / Tickets / Receipts / Souvenirs / Sketches / Other Trip Memorabilias From the Trip

Attach Photos / Tickets / Receipts / Souvenirs / Sketches / Other Trip Memorabilias From the Trip

Attach Photos / Tickets / Receipts / Souvenirs / Sketches / Other Trip Memorabilias From the Trip

Attach Photos / Tickets / Receipts / Souvenirs / Sketches /
Other Trip Memorabilias From the Trip

# Travel Destination:

_____

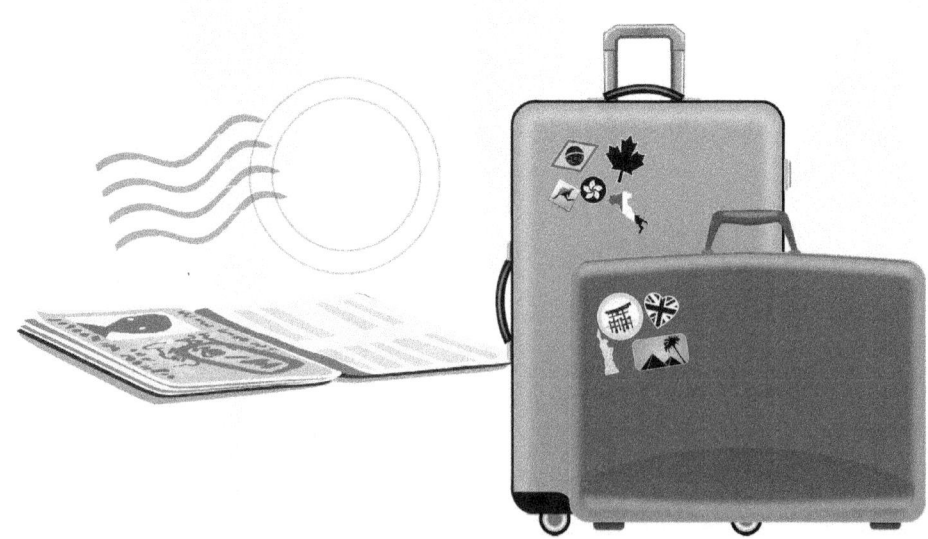

# Vacation Summary

| Date | Country | City | Climate | Passport/Visa |
|------|---------|------|---------|---------------|
|      |         |      |         |               |
|      |         |      |         |               |
|      |         |      |         |               |
|      |         |      |         |               |
|      |         |      |         |               |
|      |         |      |         |               |
|      |         |      |         |               |

## Notes

_____

_____

_____

_____

_____

_____

_____

_____

# Things To Pack

- ❏ _____
- ❏ _____
- ❏ _____
- ❏ _____
- ❏ _____
- ❏ _____
- ❏ _____
- ❏ _____
- ❏ _____
- ❏ _____
- ❏ _____
- ❏ _____
- ❏ _____
- ❏ _____
- ❏ _____
- ❏ _____
- ❏ _____
- ❏ _____

#  Travel Itinerary

**Travel Destinations:**

| Date | Place | Hotel |
|------|-------|-------|
|      |       |       |
|      |       |       |
|      |       |       |
|      |       |       |
|      |       |       |

| Departure Date | Return Date | Estimate Expense |
|---|---|---|
|  |  |  |

| Transportation | Expense | Comments |
|---|---|---|
|  |  |  |
|  |  |  |
|  |  |  |
|  |  |  |
|  |  |  |

# Places To See & Activities:

- [ ] _____
- [ ] _____
- [ ] _____
- [ ] _____
- [ ] _____
- [ ] _____
- [ ] _____
- [ ] _____
- [ ] _____
- [ ] _____
- [ ] _____
- [ ] _____
- [ ] _____
- [ ] _____
- [ ] _____
- [ ] _____
- [ ] _____
- [ ] _____

# MUST TRY Foods!

- [ ] _____
- [ ] _____
- [ ] _____
- [ ] _____
- [ ] _____
- [ ] _____
- [ ] _____
- [ ] _____

## Souvenirs To Buy

- [ ] _____
- [ ] _____
- [ ] _____
- [ ] _____
- [ ] _____
- [ ] _____
- [ ] _____

# Highlights and Unforgettable Memories from the Trip

# Highlights and Unforgettable Memories from the Trip

Attach Photos / Tickets / Receipts / Souvenirs / Sketches / Other Trip Memorabilias From the Trip

Attach Photos / Tickets / Receipts / Souvenirs / Sketches / Other Trip Memorabilias From the Trip

Attach Photos / Tickets / Receipts / Souvenirs / Sketches / Other Trip Memorabilias From the Trip

Attach Photos / Tickets / Receipts / Souvenirs / Sketches / Other Trip Memorabilias From the Trip

# Travel Destination:

_____

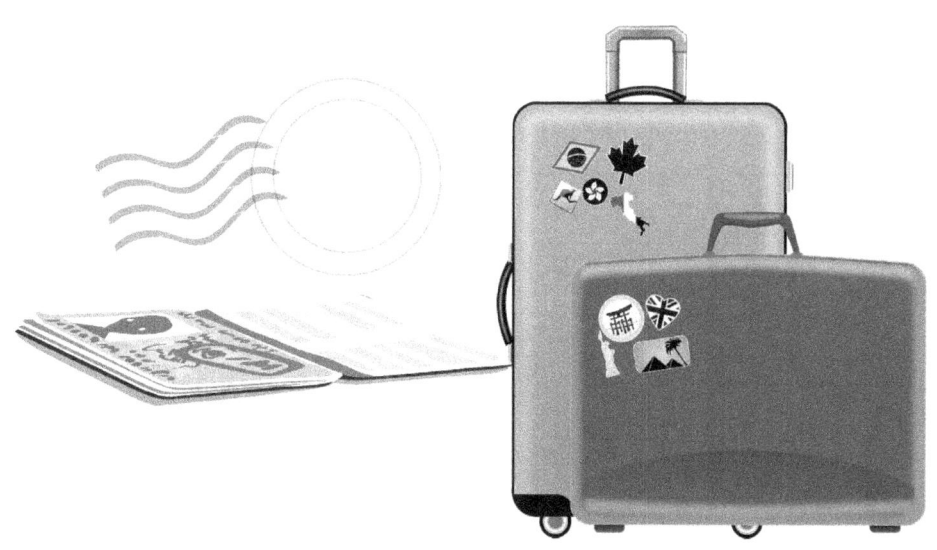

# Vacation Summary

| Date | Country | City | Climate | Passport/Visa |
|------|---------|------|---------|---------------|
|      |         |      |         |               |
|      |         |      |         |               |
|      |         |      |         |               |
|      |         |      |         |               |
|      |         |      |         |               |
|      |         |      |         |               |
|      |         |      |         |               |

## Notes

_____
_____
_____
_____
_____
_____
_____
_____
_____

# Things To Pack

- ❏ _____
- ❏ _____
- ❏ _____
- ❏ _____
- ❏ _____
- ❏ _____
- ❏ _____
- ❏ _____
- ❏ _____
- ❏ _____
- ❏ _____
- ❏ _____
- ❏ _____
- ❏ _____
- ❏ _____
- ❏ _____
- ❏ _____

 # Travel Itinerary

**Travel Destinations:**

| Date | Place | Hotel |
|------|-------|-------|
|      |       |       |
|      |       |       |
|      |       |       |
|      |       |       |
|      |       |       |

| Departure Date | Return Date | Estimate Expense |
|---|---|---|
|  |  |  |

| Transportation | Expense | Comments |
|---|---|---|
|  |  |  |
|  |  |  |
|  |  |  |
|  |  |  |
|  |  |  |

# Places To See & Activities:

- [ ] _____
- [ ] _____
- [ ] _____
- [ ] _____
- [ ] _____
- [ ] _____
- [ ] _____
- [ ] _____
- [ ] _____
- [ ] _____
- [ ] _____
- [ ] _____
- [ ] _____
- [ ] _____
- [ ] _____
- [ ] _____
- [ ] _____

# MUST TRY Foods!

- [ ] _____
- [ ] _____
- [ ] _____
- [ ] _____
- [ ] _____
- [ ] _____
- [ ] _____
- [ ] _____

## Souvenirs To Buy

- [ ] _____
- [ ] _____
- [ ] _____
- [ ] _____
- [ ] _____
- [ ] _____
- [ ] _____

# Highlights and Unforgettable Memories from the Trip

# Highlights and Unforgettable Memories from the Trip

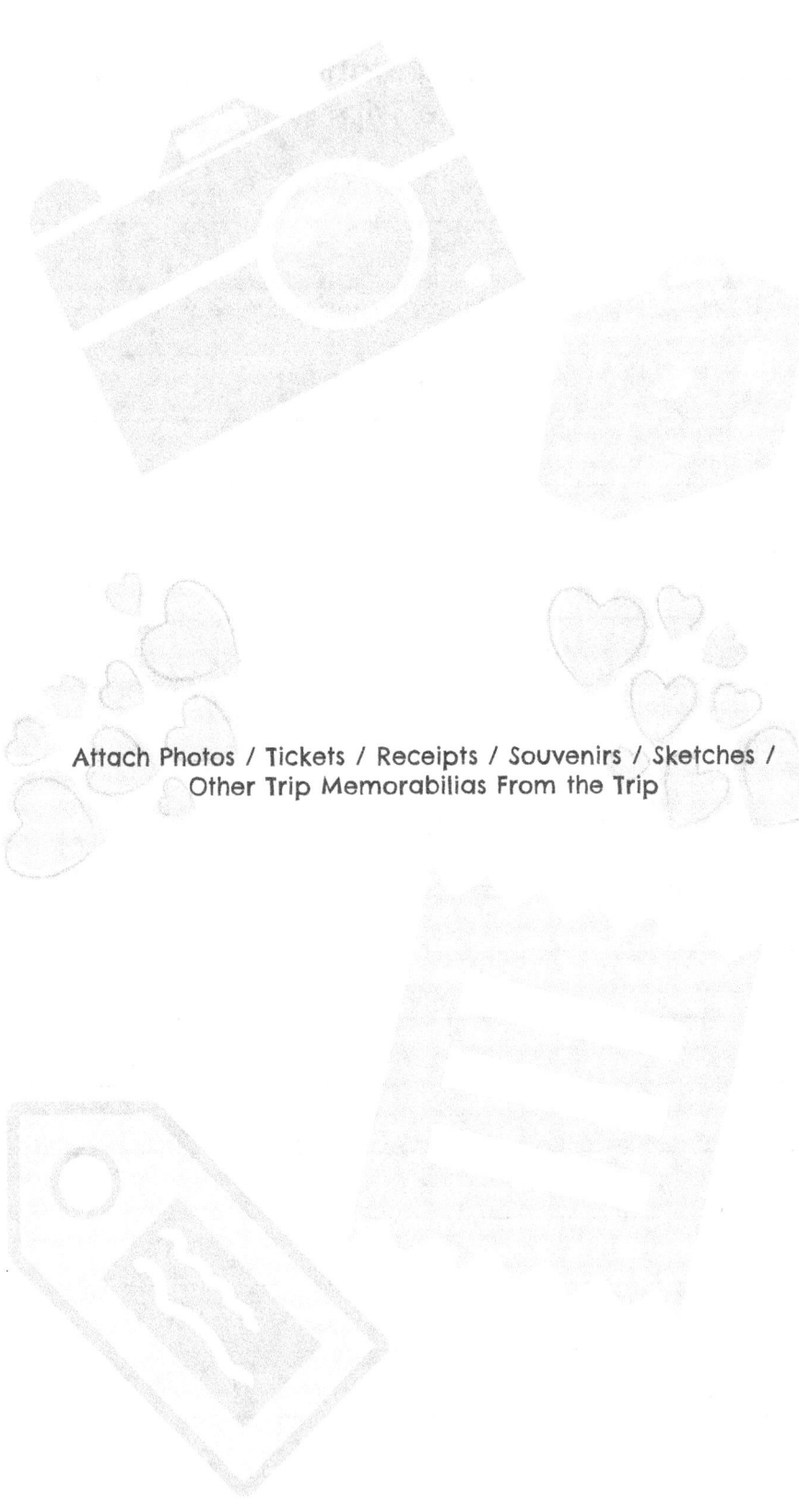

Attach Photos / Tickets / Receipts / Souvenirs / Sketches / Other Trip Memorabilias From the Trip

Attach Photos / Tickets / Receipts / Souvenirs / Sketches /
Other Trip Memorabilias From the Trip

Attach Photos / Tickets / Receipts / Souvenirs / Sketches / Other Trip Memorabilias From the Trip

Attach Photos / Tickets / Receipts / Souvenirs / Sketches / Other Trip Memorabilias From the Trip

# Travel Destination:

_____

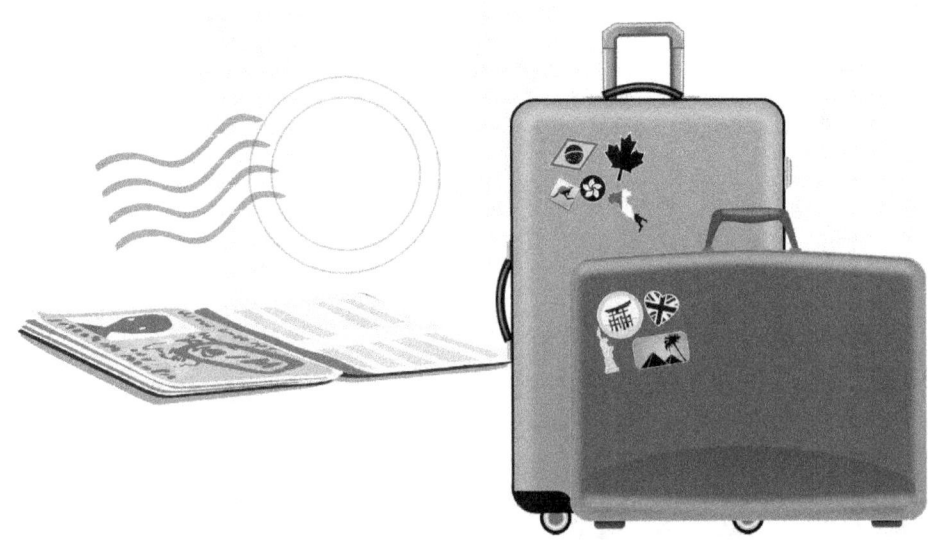

# Vacation Summary

| Date | Country | City | Climate | Passport/Visa |
|------|---------|------|---------|---------------|
|      |         |      |         |               |
|      |         |      |         |               |
|      |         |      |         |               |
|      |         |      |         |               |
|      |         |      |         |               |
|      |         |      |         |               |
|      |         |      |         |               |

## Notes

_____
_____
_____
_____
_____
_____
_____
_____
_____

# Things To Pack

- [ ]
- [ ]
- [ ]
- [ ]
- [ ]
- [ ]
- [ ]
- [ ]
- [ ]
- [ ]
- [ ]
- [ ]
- [ ]
- [ ]
- [ ]
- [ ]
- [ ]

#  Travel Itinerary

**Travel Destinations:**

| Date | Place | Hotel |
|------|-------|-------|
|      |       |       |
|      |       |       |
|      |       |       |
|      |       |       |
|      |       |       |

| Departure Date | Return Date | Estimate Expense |
|---|---|---|
|  |  |  |

| Transportation | Expense | Comments |
|---|---|---|
|  |  |  |
|  |  |  |
|  |  |  |
|  |  |  |

# Places To See & Activities:

- [ ] _____
- [ ] _____
- [ ] _____
- [ ] _____
- [ ] _____
- [ ] _____
- [ ] _____
- [ ] _____
- [ ] _____
- [ ] _____
- [ ] _____
- [ ] _____
- [ ] _____
- [ ] _____
- [ ] _____
- [ ] _____
- [ ] _____

# MUST TRY Foods!

- [ ] _____
- [ ] _____
- [ ] _____
- [ ] _____
- [ ] _____
- [ ] _____
- [ ] _____
- [ ] _____

## Souvenirs To Buy

- [ ] _____
- [ ] _____
- [ ] _____
- [ ] _____
- [ ] _____
- [ ] _____
- [ ] _____

# Highlights and Unforgettable Memories from the Trip

# Highlights and Unforgettable Memories from the Trip

Attach Photos / Tickets / Receipts / Souvenirs / Sketches /
Other Trip Memorabilias From the Trip

Attach Photos / Tickets / Receipts / Souvenirs / Sketches / Other Trip Memorabilias From the Trip

Attach Photos / Tickets / Receipts / Souvenirs / Sketches /
Other Trip Memorabilias From the Trip

Attach Photos / Tickets / Receipts / Souvenirs / Sketches / Other Trip Memorabilias From the Trip

www.ingramcontent.com/pod-product-compliance
Lightning Source LLC
Chambersburg PA
CBHW071403080526
44587CB00017B/3161